Ex[p]

nuestra galaxia

por Eve Beck

Scott Foresman
is an imprint of

Glenview, Illinois • Boston, Massachusetts • Chandler, Arizona
Upper Saddle River, New Jersey

ISBN 13: 978-0-328-53388-6
ISBN 10:   0-328-53388-2

CONTENIDO

Capítulo 1: El sistema solar

El sistema solar tiene ocho planetas. Esos ocho planetas se mueven alrededor del Sol en una **órbita**.

Todos vivimos en la Tierra, que es uno de los ocho planetas del sistema solar. Los otros son: Mercurio, Venus, Marte, Júpiter, Saturno, Urano, y Neptuno.

También hay millones de grandes rocas que orbitan alrededor del Sol. Se llaman **asteroides**.

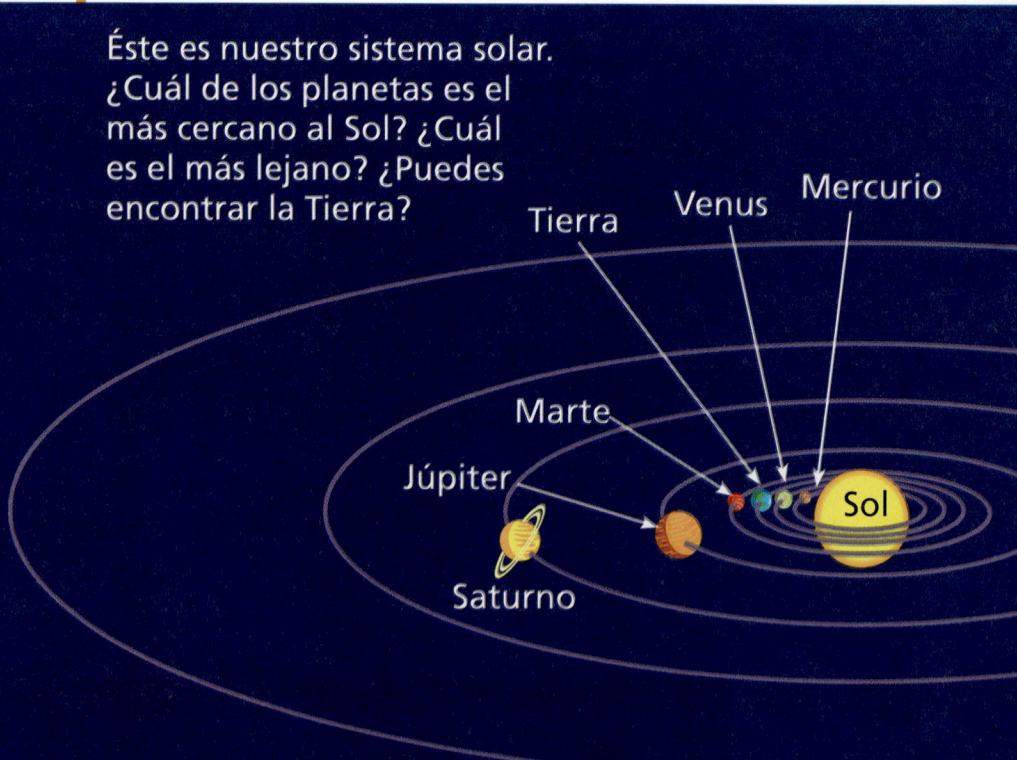

Éste es nuestro sistema solar. ¿Cuál de los planetas es el más cercano al Sol? ¿Cuál es el más lejano? ¿Puedes encontrar la Tierra?

Tierra

Venus

Mercurio

Marte

Júpiter

Sol

Saturno

El Sol es el centro del sistema solar.
La palabra *solar* quiere decir "relativo al Sol".
El sistema solar está formado por el Sol y todo
lo que gira a su alrededor, como los planetas
y los asteroides.

El Sol es una estrella. Los objetos orbitan
a su alrededor por medio de una fuerza
llamada **gravedad**. Las órbitas tienen forma
de óvalo.

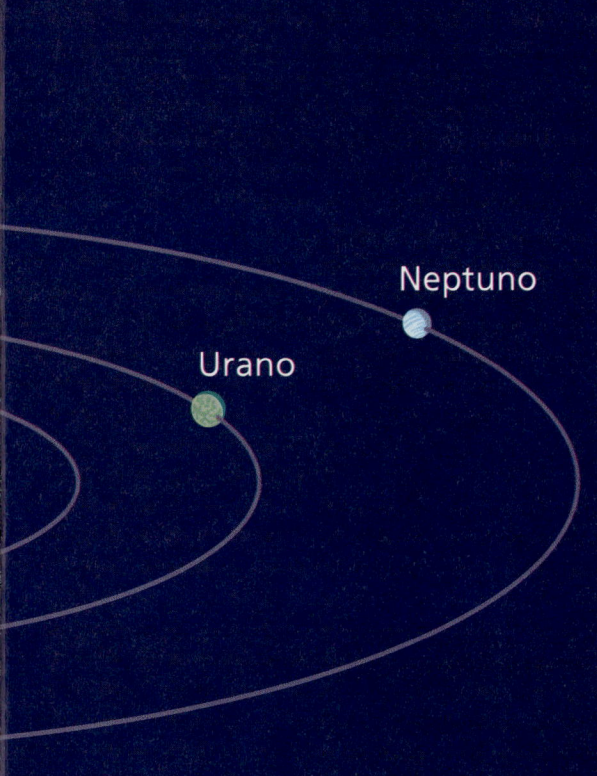

Neptuno

Urano

Las lunas de los planetas también forman parte del sistema solar. Seis de los ocho planetas tienen lunas. La Tierra tiene una luna. Mercurio y Venus no tienen lunas. Marte tiene dos lunas pequeñas.

Júpiter

Júpiter y una de sus lunas

Urano tiene cinco lunas grandes y muchas otras más pequeñas. Neptuno tiene dos lunas grandes y once pequeñas. Saturno tiene más de 40 lunas. Júpiter tiene más lunas que cualquier otro planeta. ¡Tiene más de 50!

Saturno

Saturno y tres de sus lunas

Cada uno de los planetas recorre su propia órbita. Los planetas cambian de posición al moverse. También cambia su distancia del Sol.

Mira el diagrama de abajo. Sigue la órbita de la Tierra con el dedo.

La Tierra tarda 365 días en recorrer una órbita alrededor del Sol.

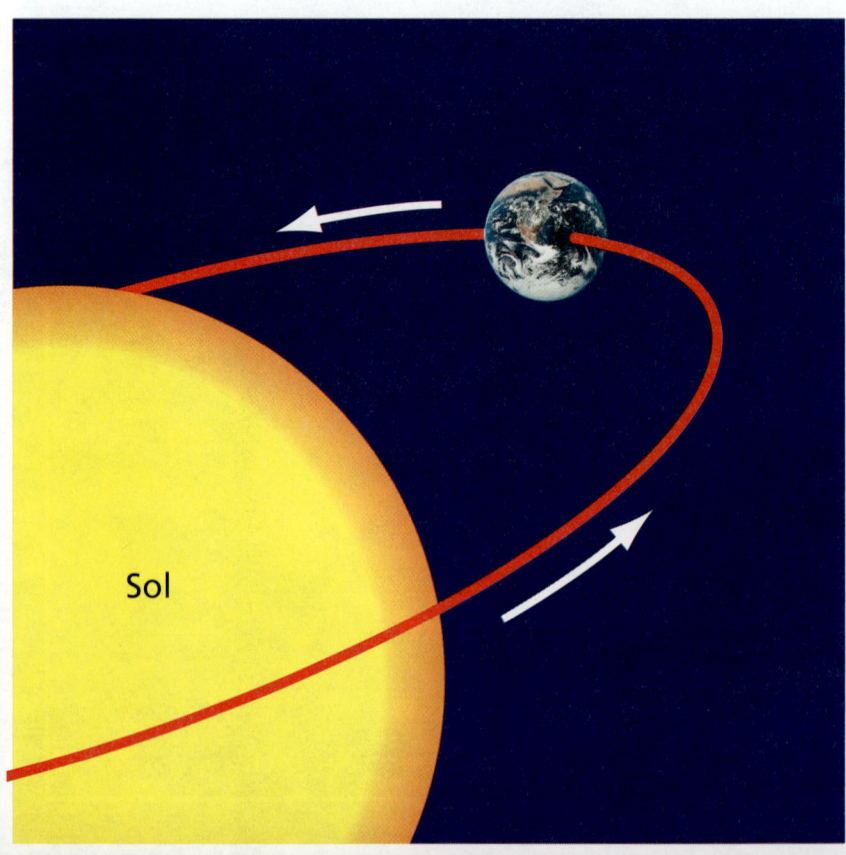

Sol

Capítulo 2: Exploración espacial

Los científicos usan naves espaciales, robots y satélites para explorar el espacio.

Los astronautas viajan al espacio. Muchos son científicos. Los astronautas se entrenan durante muchos años para hacer su trabajo. Deben tener buena salud. También deben aprender cómo funcionan las naves espaciales.

Los **satélites** son vehículos espaciales que orbitan la Tierra sin tripulación. Podemos aprender nuevas cosas sobre el sistema solar con la información que recibimos de los astronautas, los robots y los satélites.

Lee sobre estas misiones de exploración espacial.

- El primer satélite lanzado por los Estados Unidos se llamaba *Explorer 1*. Lo enviaron al espacio en enero de 1958.

- En 1964, *Mariner 4* voló cerca de Marte. Tomó las primeras fotografías de cerca de otro planeta.

- En 1969, los primeros seres humanos caminaron en la Luna. Eran astronautas estadounidenses de las misiones *Apollo*.

Los astronautas del *Apollo 11* caminaron en la Luna.

El vehículo espacial *Deep Space 1* fue construido para poner a prueba nuevos equipos en el espacio. ¡La misión fue todo un éxito! En el año 2001, *Deep Space 1* pasó cerca del cometa Borrelly. Le tomó fotografías que luego envió a la Tierra.

Cometa Borrelly

Deep Space 1

Capítulo 3: El futuro

Una emocionante misión se está realizando en Marte. Es el Programa de Exploración de Marte. Dos robots, llamados *Spirit* y *Opportunity*, llegaron a Marte en enero del 2004. Estos robots están investigando si alguna vez hubo vida en Marte.

Además, los científicos tienen planes para el futuro. Uno de esos planes es el Laboratorio Científico de Marte. Un **laboratorio** es un lugar donde se reúne y estudia información científica.

El Laboratorio Científico de Marte va a ser muy especial. ¡Será un robot que podrá reunir aún más información que *Spirit* y *Opportunity*!

Muchos científicos esperan que podamos explorar aún más la galaxia. Una galaxia es un sistema muy grande de estrellas. El Sol es sólo una estrella en una galaxia llamada la Vía Láctea.

Algunas personas quieren que los viajes espaciales sean más fáciles. Cuando tú seas un adulto, es posible que se pueda **ascender** al espacio y **descender** de regreso a la Tierra, aunque no seas un astronauta.

Este robot explora la superficie de Marte.

Móvil del sistema solar

¿Te gustaría aprender los nombres de todos los planetas y el orden en que aparecen, desde el más cercano hasta el más lejano del Sol? ¡Sigue las instrucciones y haz un modelo del sistema solar!

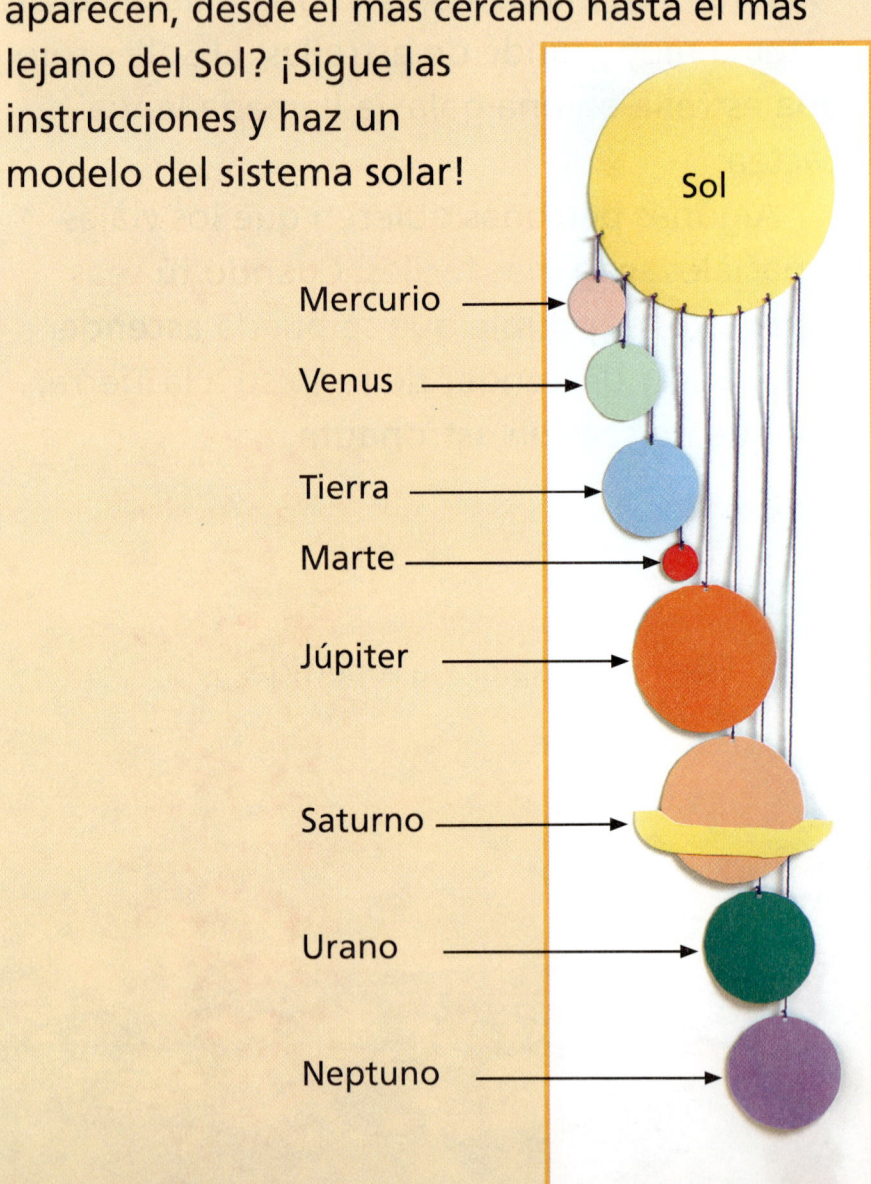

Sol

Mercurio

Venus

Tierra

Marte

Júpiter

Saturno

Urano

Neptuno

Vas a necesitar cordón o hilo grueso, cartulina, pinturas, tijeras, una perforadora y un lápiz.

1. Primero, consulta la información en este libro y la ilustración de la página 14. Dibuja un círculo por cada uno de los planetas del sistema solar. Haz un círculo más grande para el "sol". Rotula cada planeta.

2. Recorta con cuidado cada círculo. Pon los planetas en orden, según su distancia del Sol. Mercurio debe ser el primero a la izquierda y Neptuno el último a la derecha.

3. Corta el cordón de largos diferentes para colgar cada planeta.

4. Con una perforadora haz ocho agujeros en la orilla del círculo del "sol". Haz un agujero arriba de cada planeta. Amarra cada planeta al "sol" con el cordón.

Glosario

ascender *v.* mover hacia arriba.

asteroides *s.* rocas pequeñas que orbitan alrededor del Sol.

descender *v.* mover hacia abajo.

gravedad *s.* fuerza que atrae objetos a la Tierra.

laboratorio *s.* lugar donde se reúne y analiza la información científica.

órbita *s.* recorrido alrededor de algo; trayecto que recorre un planeta, una luna o un satélite alrededor de otro cuerpo en el espacio.

satélites *s.* objetos que giran alrededor de un planeta o luna, hechos y puestos en órbita por seres humanos.